ALTA PERFORMANCE

Editora Appris Ltda.
1.ª Edição - Copyright© 2023 do autor
Direitos de Edição Reservados à Editora Appris Ltda.

Nenhuma parte desta obra poderá ser utilizada indevidamente, sem estar de acordo com a Lei n° 9.610/98. Se incorreções forem encontradas, serão de exclusiva responsabilidade de seus organizadores. Foi realizado o Depósito Legal na Fundação Biblioteca Nacional, de acordo com as Leis n°s 10.994, de 14/12/2004, e 12.192, de 14/01/2010.

Catalogação na Fonte
Elaborado por: Josefina A. S. Guedes
Bibliotecária CRB 9/870

M917a 2023	Mota, Killys Alta performance / Killys Mota. 1. ed. – Curitiba : Appris, 2023. 56 p. ; 21 cm. Título da coleção geral. ISBN 978-65-250-5189-5 1. Autorrealização. 2. Fé. 3. Reflexão (Filosofia). I. Título. CDD – 158.1

Livro de acordo com a normalização técnica da ABNT

Appris editora

Editora e Livraria Appris Ltda.
Av. Manoel Ribas, 2265 – Mercês
Curitiba/PR – CEP: 80810-002
Tel. (41) 3156 - 4731
www.editoraappris.com.br

Printed in Brazil
Impresso no Brasil

KILLYS MOTA

ALTA PERFORMANCE

FICHA TÉCNICA

EDITORIAL	Augusto V. de A. Coelho
	Sara C. de Andrade Coelho
COMITÊ EDITORIAL	Marli Caetano
	Andréa Barbosa Gouveia - UFPR
	Edmeire C. Pereira - UFPR
	Iraneide da Silva - UFC
	Jacques de Lima Ferreira - UP
SUPERVISOR DA PRODUÇÃO	Renata Cristina Lopes Miccelli
PRODUÇÃO EDITORIAL	Daniela Nazario
REVISÃO	Simone Ceré
DIAGRAMAÇÃO	Bruno Ferreira Nascimento
CAPA	Lívia Costa

Dedico este livro para todos que desejam alçar grandes voos na vida.

AGRADECIMENTOS

Quero agradecer, primeiramente, a mim e ao Espírito Santo de Deus, que habita em mim e em todas as coisas, por sempre me guiar e me dar força quando eu mais precisei. Quando pensei que não conseguiria, conheci ainda mais a força que habita em mim.

A jornada até aqui só foi possível graças a minha esposa, Gisele Godoi, a mulher que Deus me entregou para cuidar todos os dias da minha vida, me apoiou e me deu meus filhos, que eu amo muito, Kawan Gabriel, Pietro Mota, Zyan Mota e Kaua de Oliveira.

Quero agradecer aos meus irmãos e familiares e a todos os amigos e inimigos que passaram ou ainda fazem parte da minha vida. Graças a todos vocês, esta obra foi escrita.

Deus usou todos vocês em minha vida para me ensinar todas as coisas que eu precisei aprender.

E Dele, para Ele são todas as coisas.

SUMÁRIO

CONHEÇA A TI MESMO — 11

ENTENDENDO OS NÍVEIS — 15

NÍVEL 1 INFÂNCIA — 19

NÍVEL 2 A REPETIÇÃO — 25

NÍVEL 3 DIFÍCIL NÃO É APRENDER, O DESAFIO É DESAPRENDER — 31

NÍVEL 4 FAZENDO A COLHEITA — 41

NÍVEL 5 A REALIDADE — 49

CONHEÇA A TI MESMO

Este livro foi escrito para aqueles que desejam mudar de nível, intelectual, físico e espiritual; para você que deseja alcançar sua Alta Performance em todas as áreas da vida.

Tudo que vou te ensinar nos capítulos seguintes eu desenvolvi em mais de 25 anos de experiência, mediante estudos e muita prática na minha vida como atleta profissional de MMA. Competindo em alto nível mundial, fui obrigado a me desafiar em muitas situações que me tiravam totalmente da zona de conforto; descobri segredos ocultos em pessoas bem-sucedidas, estudei a mentalidade de atletas de Alta Performance, empresário milionários nos Estados Unidos; tive a honra de conviver com muitos deles e descobri segredos escondidos por trás de tudo, para você alcançar todos os desejos da sua vida, dinheiro, fama, bens materiais, paz interior, equilíbrio emocional e clareza mental.

Depois de anos, agora eu sei quem realmente sou, graças a tudo que vivenciei em minha vida. Estou dividindo com vocês nos capítulos seguintes todos os segredos, e como eu utilizei de tudo isso para prosperar. Hoje eu vivo nos Estados Unidos com a minha esposa e três filhos, sou um homem realizado financeiramente, tenho tudo que sempre sonhei, sou atleta profissional de MMA, competindo em alto nível mundial com os melhores atletas do mundo, sou empresário, hoje minha empresa tem um faturamento anual de mais de 500 mil reais.

Quando falamos de Alta Performance, pensamos no corpo físico primeiro, mas eu vou te levar para outro nível mental, em que menos de 20% da população mundial vive. Vou te mostrar segredos ocultos que revelarão quem você é realmente; tudo que foi escondido de você será revelado neste livro.

Se você colocar em prática todas as dicas e fizer as anotações dos segredos que serão revelados nestas páginas, tenho certeza de que sua vida irá mudar.

Tudo isso que vai aprender aqui você pode usar no seu trabalho, no esporte que pratica, nos negócios, e relacionamentos pessoal e familiar.

Você sabia que menos de 20% das pessoas do mundo buscam o desenvolvimento pessoal, a Alta Performance? Muitos estão estacionados no mesmo lugar onde nasceram, estão há anos no mesmo trabalho, fazendo a mesma coisa, vivendo uma rotina repetitiva, do mesmo jeito todos os dias. Muitos atletas que se dedicam anos a um esporte, mas não conseguem colher uma vida financeira próspera ou não conseguem alcançar seus objetivos e ainda depois que se aposentam da modalidade que praticavam, tendem a continuar trabalhando com outras coisas para se manter financeiramente; pessoas que trabalharam anos em uma empresa e depois que são demitidas têm dificuldade de se manter felizes, realizados(as) e também financeiramente; pessoas que vivem em relacionamentos em que não queriam estar, vivendo uma vida que não queriam; todos estão deixando de viver seu propósito aqui na terra, sem motivação, com medo de ir atrás dos próprios objetivos.

Apenas olhe em sua volta, seus amigos de infância, alguns familiares, observe sem julgar e veja quantos deles têm potencial de ser uma estrela, quantos poderiam ter uma vida de prosperidade e abundância, olhe para sua vida, veja tudo que você poderia ser, mais não sabe por onde começar.

Quando eu falo prosperidade, eu digo em todas as áreas da vida, essa palavra tem um significado de tudo.

Prosperidade é o estado ou qualidade do que prospera, ou seja, bem-sucedido, feliz e afortunado, que se caracteriza pelo constante desenvolvimento e progresso. A tudo isso você vai ter acesso se alcançar sua Alta Performance Mental e Física.

Todos nós temos talentos a serem desenvolvidos, todas as pessoas em sua volta, inclusive você, são máquinas perfeitas de desenvolvimento e de criação, é por isso que eu quero te ajudar a conhecer seu potencial máximo, e assim viver uma vida plena, satisfatória, cheia de alegria e prosperidade em todas as áreas.

Você está pronto(a) para o próximo nível? Você está pronto(a) para saber quem é você?

ENTENDENDO OS NÍVEIS

Quando falamos em Alta Performance entendemos que existem Níveis que devemos escalar para chegar na ALTA. Bom, quero que você entenda que tudo nasce pequeno e se desenvolve com o tempo, o desenvolvimento pode ser natural, respeitando o processo da natureza, ou você pode estimular/acelerar o processo.

Seu cérebro e corpo foram criados para se desenvolver naturalmente, aprendemos a andar, falar, comer e muitas outras coisas sem precisar de um treinamento ou um esforço específico para crescer. A natureza se encarrega de te ensinar tudo que você precisa saber.

Eu tenho um filho de um ano e meio, o nome dele é Zyan, e ele tá começando a andar naturalmente. Eu não preciso estimulá-lo a andar, o processo natural está acontecendo todos os dias, mas se eu quiser acelerá-lo, vou começar a colocar ele em um andador e ficar estimulando-o todos os dias a andar, como muitos pais fazem com seus bebês.

Muitos querem acelerar o processo dos outros, mas não querem se esforçar para o seu próprio.

Eu conheço pessoas da mesma idade que são muito produtivas e conquistam tudo que desejam, enquanto outras não saem do mesmo lugar ou não conseguem realizar seu desejos.

Então me perguntei o porquê. E entendi que muitas das coisas têm a ver com o nível em que elas se encontram. As pessoas têm mentalidades diferentes, mesmo estando com a mesma idade, no mesmo ambiente de trabalho, na mesma cidade ou tendo nascido na mesma família.

Existe um fator genético sim, mas existe mais. Em todos os casos que eu estudei, o fator genético não influenciava muito.

As pessoas que não são produtivas na vida gostam de arrumar desculpa, tipo "EU não tive a mesma oportunidade", mas o que eu vejo na maioria das vezes é um nível de evolução natural e esforço físico envolvido em quase todos os casos.

Hoje, alguns jovens de 16 anos ou menos já estão multimilionários, atletas de 18 anos competem com atletas mais velhos em Alta Performance e vencem.

Pessoas mais novas são bem-sucedidas e realizadas, assim quebrando uma crença de que para algumas coisas que você deseja tem que esperar o tempo para fazer acontecer.

Também existe o fator tempo, mas aqui você vai aprender a acelerar o processo da sua Alta Performance mental, física e espiritual.

ALTA PERFORMANCE

No nível em que está neste momento, você só pode ter o que tem até agora, para ter as coisas que deseja para sua vida é preciso mudar de nível.

(Cada realidade acontece em níveis diferentes)

Quando eu falo níveis, quero que entenda que seus pensamentos, sentimentos e emoções têm um poder, isso te classifica em níveis mentais, físicos e espirituais, queira você acreditar ou não.

Assim como a gravidade existe e você não a vê, a eletricidade e o vento também estão aí mais não podemos vê-los. Existem segredos ocultos que fazem essa separação de pessoas, algumas estão aproveitando isso para conquistar tudo que desejam na vida; enquanto outras estão sendo controladas por aqueles que já dominaram isso, ou estão vivendo uma vida miserável, perdidas, sem saber quem são. Bom, há muitas coisas neste mundo que você não entende como funcionam, mas existem, e você as usa sem saber como usar.

Quero te fazer uma pergunta:

QUEM É VOCÊ?

Se você pensou no seu nome, sobrenome, seu endereço, CPF, RG, quero te dizer uma verdade:

Tudo isso foi a identidade, um registro que te deram quando você nasceu, para poder controlar seus pensamentos, sentimentos e emoções, assim como um animal treinado segue ordens gravadas em seu subconsciente.

Vou te levar para outra forma de ver as coisas, você vai descobrir quem realmente é!! Fica comigo até o final deste livro!!

OS NÍVEIS

Para simplificar, eu vou separar os níveis de 1 a 5. Ao continuar sua leitura, quero que pare e pense em que nível você se encontra neste momento.

Para você alcançar sua Alta Performance, primeiro deve se identificar, saber onde você está, em qual processo de desenvolvimento se encontra neste momento e começar a escalada para o próximo nível.

Boa sorte!!

NÍVEL 1 INFÂNCIA

Por este nível todos nós já passamos, não se preocupe, a natureza se encarregou de te levar para o próximo sem seu esforço, aqui tudo acontece naturalmente. Observe uma criança, ela se desenvolve sem nenhum esforço, apenas vivendo, brincando e se divertindo. O coração dela é puro, sem ódio, sem ganância, sem maldade, sem medo.

Entenda que em sua memória estão guardados todos os tipos de lembranças da sua infância, todas para ela desenvolver Alta Performance, física ou mental.

Mas no coração de uma criança também estão todas as memórias de fatos ruins que vivenciou, assim também delas tirando todo o potencial máximo na vida adulta.

"Mas aqui neste nível existe um segredo para os próximos"

Todo desenvolvimento pessoal deve ser como o de uma criança.

Jesus disse assim: "Deixem vir a mim as crianças e não as impeçam, pois o Reino dos Céus pertence aos que são semelhantes a elas".

Por que Jesus nos ensina isso? Bom, quero dizer que isso foi uma das coisas que eu coloquei na minha vida e se tornou um fator importante na minha Alta Performance mental. Percebi que todas as vezes que me divertia nos treinos eu aprendia muito mais rápido e não sentia medo nem pressão; e, quando precisava de uma memória, bastava eu associar um momento feliz em meus pensamentos e o meu cérebro fazia toda as conexões de alegria e diversão, me descarregando todo tipo de hormônio de bem-estar, como dopamina, endorfina, serotonina, e assim eu conseguia me divertir sob pressão.

Pesquisadores estudaram a mente de 100 pessoas, como era a rotina de trabalho delas. Noventa por cento dos trabalhadores que tinham uma rotina de trabalho mais feliz, alegre e mais descontraída, tinham uma produtividade muito maior do que aqueles que estavam insatisfeitos em sua rotina de trabalho.

Pessoas que têm relacionamentos saudáveis, alegres são mais produtivas no seu dia a dia, dizem os estudos.

Entenda isso: gratidão, alegria, compartilhar, servir, ajudar, amar o que se faz, ser feliz, tudo tem a ver com sua Alta Performance.

Todos já viverem isso na infância, mas não levaram para vida adulta a coisa mais importante de todas, o coração simples de uma criança.

Ao contrário disso, em vez de levar as coisas boas que uma criança tem em seu coração, preferiram levar os traumas que sofreram na infância, assim criando bloqueios mentais que não deixaram mais essas pessoas, na fase adulta, alcançar sua Alta Performance.

Essas pessoas que ainda estão bloqueadas em seus corações, com traumas dificilmente alcançarão os próximos níveis. Cuidar das feridas emocionais de infância, jogar fora a mochila que você leva das circunstâncias que já ficaram no passado, vai te levar até a sua Alta Performance.

Saiba que todos nós temos bloqueios que devemos superar para evoluir.

Quer saber como eu superei meus bloqueios? Eu não me apeguei mais a lembranças ruins, e estimulei minhas memórias boas de infância; tive que fazer isso por mais de 40 dias, eu reservava um tempo do meu dia para ficar pensando nas lembranças mais legais que eu tive quando era criança. Por meio de meditação ou até mesmo dirigindo, eu levava meus pensamentos aos melhores momentos da minha infância. Essa foi uma das estratégias que usei para criar novas memórias de infância, assim superando meus bloqueios.

Por que 40 dias?

Eu entendi que tudo que você pensa e faz nesse período se torna uma verdade e hábito no seu cérebro. (Dica)

Se você carrega culpa ou algum tipo de raiva ou medo da sua infância dentro do coração, precisa se livrar disso para o próximo nível. Perceba que tudo vai te exigir alguma coisa, pode ser seu tempo, sua dedicação, disciplina, um esforço físico ou mental.

Procurar um profissional na área da mente, um psicólogo, é um investimento que você pode fazer para melhorar isso. Mas primeiro reconheça o que precisa tratar, seja humilde em relação a você, entenda que tem o poder de curar tudo, está em suas mãos.

Entenda que você tem poderes que podem ser acessados, não abra mão deles, ou vai apenas assistir a outras pessoas vivendo a vida que você queria levar.

Oitenta por cento da população mundial não quer pagar o preço dos outros níveis e aceita a vida que tem, desperdiçando todo seu potencial máximo. Essas pessoas passam assim a vida toda fazendo coisas de que não gostam, sendo controladas, até a sua morte vivem como se nunca tivessem vivido.

Se você estiver realmente disposto(a) pagar o preço para descobrir quem é você, EU quero te dizer uma coisa:

- VALE MUITO A PENA!

Dedique-se a você, cuide do seu corpo, alimente ele com frutas, legumes, tome mais água. A sua verdadeira casa é seu corpo. Ele que precisa de investimento.

Você está no controle, assuma a direção dos seus pensamentos e organize sua biblioteca mental, imagine que cada lembrança é um livro que você escolhe ler ou um vídeo que você quer ver novamente, o poder da escolha sempre estará com você.

Pense nisso.

NÍVEL 2 A REPETIÇÃO

Se você chegou até aqui, acredito que deseja conhecer os níveis 3 e 4, mas primeiro deixa eu te explicar como o nível 2 funciona, vou te dar alguns exemplos de como é a vida nele.

Bom, tudo já se tornou em sua vida uma repetição. Sem você ter notado, está em um ciclo vicioso, em seus pensamentos só tem lembranças de coisas que ouviu de outras pessoas. TV, rádio, redes sociais etc., o que a sociedade fala em sua volta, o que seus pais te ensinaram, você apenas segue o padrão que foi colocado para você viver. Acredita que a vida é trabalhar para pagar contas, chegar em casa depois do trabalho e assistir jornais, novelas, ou passar horas no celular em redes sociais, olhando a vida de outras pessoas.

Você sente que está sempre competindo com outras pessoas. Sente que é obrigado a comprar alguma coisa só porque outra pessoa comprou. Sente uma necessidade de aprovação das outras pessoas.

Quero te dizer uma verdade:

— Isso tudo foi criado para te prender nesse ciclo repetitivo. Sabe por quê?

Porque seres humanos com uma capacidade intelectual mais avançada que a sua conhecem seu corpo e seu cérebro mais do que você mesmo, eles sabem a máquina de produção perfeita que é seu corpo e seu cérebro; assim eles te controlam criando padrões repetitivos na sua vida, te prendendo em um ciclo vicioso invisível.

Eles sabem que um ser humano pode ser treinado igual a um animal de estimação.

Entenda isso: Se der para um cachorrinho segurança, comida e um abrigo, ele será fiel a você até o fim, e então poderá treiná-lo para fazer o que quer que ele faça.

Não estou comparando um ser humano a um animal, não é isso que quero que entenda; estudos comprovam que o cérebro humano é treinável como o de um animalzinho. Comece hoje a observar seus comportamentos, pare de ficar cuidando da vida de outros e comece a cuidar da sua a partir de agora.

Imagine você em uma prisão perpétua com as portas abertas

Você, sem ter notado, já está em ciclo onde se sente seguro, amigos, trabalho e relacionamentos, explicando na maneira mais simples: você já montou sua "tribo", são as pessoas com quem mais se relaciona todos os dias, pode ser no seu trabalho, academia, grupos, faculdade, etc.

ALTA PERFORMANCE

Você deve estar se perguntando o que isso tem a ver com Alta Performance!!

Primeiro deixa eu te contar uma verdade que eu passei na minha vida.

Hoje eu vivo com a minha família nos Estados Unidos. Antes de tudo, eu morava no Brasil, e tinha minha tribo, por sinal grandes amigos, pessoas incríveis que eu conheci durante minha vida no país. Com alguns amigos tenho contato até hoje, e acredito que vou levá-los para o resto da vida. Sou muito grato a Deus por essas pessoas que passaram por minha vida; porém, assim como passaram pessoas boas por minha vida, também passaram pessoas ruins, seres humanos totalmente bloqueados mentalmente, que desejavam fazer o mal, tinham muita inveja, um coração ganancioso.

Quando me mudei para os EUA, também me deparei com pessoas assim, e por sinal até hoje existem em minha volta, mas também existe muitas pessoas boas do meu lado aqui; a diferença é que hoje eu aprendi a identificar e separar o joio do trigo.

As pessoas que você escolhe para ficar em sua volta são um fator determinante na sua Performance.

"Não se deixem enganar: 'As más companhias corrompem os bons costumes'." (1 Coríntios 15:33)

Entenda que para os próximos níveis algumas coisas têm que ficar para trás, não é ser ingrato ou se sentir superior aos outros, não é isso que quero dizer; mas você tem que entender que a caminhada até o nível 5 é individual e solitária, você só tem um amigo lá. As pessoas que vivem no nível 2 estão em um ciclo de repetição sem resultado, patinando na lama há anos, muitas dessas pessoas não têm culpa de ter a vida que têm, muitas também estão felizes assim, e tá tudo bem nisso, não tem problema; mas se você quiser fazer a diferença, precisa pensar diferente e pagar o preço por aquilo que deseja.

Todos do nível 2 estão sendo controlados por aqueles que estão em níveis superiores.

Entenda isso e comece hoje a caminhada. Quero que entenda que não é você se afastar das pessoas ou parar de ter contato com elas, não é isso; para seu objetivo que te exige uma Alta Performance mental, física e espiritual, você tem que conhecer pessoas da tribo nível 4 e 5.

Procure conhecer pessoas melhores que você, que tenham mais experiência, pessoas que são desbloqueadas, que têm um coração de criança.

Essas pessoas te levarão para conhecer o nível 3 ou mais. Primeiro tente ver o que está acontecendo a sua volta, se você concorda com muitas coisas significa que ainda não chegou a hora de mudar de nível, a mudança de nível pode ser natural ou por esforço, dedicação e disciplina. Assim você vai acelerar a mudança de nível.

Nos próximos capítulos vou te mostrar alguns exemplos com os quais você pode se identificar e aprender mais sobre si mesmo e aonde pode chegar.

As pessoas são importantes na nossa vida, mas apenas pessoas certas.

Se você quer ser o melhor jogador de futebol, vai querer aprender com o melhor tenista? Se você quiser ser a melhor advogada, vai aprender com a melhor lutadora MMA do mundo?

Quero que entenda que para acelerar o processo de desenvolvimento de aprendizagem precisa estar perto de pessoas que fazem melhor que você, e são especialistas no que fazem.

Tem uma frase que fala: Você é média das cinco pessoas com que mais convive. Isso é verdade. Quando comecei a ser seletivo com as pessoas em minha volta, meu resultados começaram a aparecer, comecei a observar o coração das pessoas que se aproximavam de mim, muitos estavam bloqueados no nível 2. Eu entendia o que eles estavam passando porque já estive lá.

Mas queria mudar de nível, então não era o momento de estar perto dessas pessoas, eu precisava me preparar para pagar o preço dos próximos níveis. Nunca as julguei, só sentia que não queria mais aquela rotina, as mesmas conversas, os mesmos resultados, os mesmos pensamentos. Foi então que fui atrás dos desafios para mudar de nível.

Entenda que a escolha sempre será sua, você não é obrigado a fazer nada; mas se você ouve uma voz dentro da sua cabeça e se o seu coração tem a vontade de conhecer algo mais profundo, se a vida começa a te desafiar, então chegou a sua hora. Outro nível está te chamando, só basta estar disposto a pagar o preço para colher os frutos.

Se você não abrir mão desse ciclo, você vai ficar nele até o último dia da sua vida.

Cuidado com a sua inveja e os invejosos

As pessoas em sua volta têm energias positivas e negativas, assim como você. Saber identificar essas energias é um dos poderes que o Criador te entregou, se você se autoconhecer, vai entender melhor o que estou falando.

A sua intuição é um dos sentidos que captam essas energias; quando elas vêm para você, seu corpo naturalmente começa a te mostrar o sentimento das pessoas que estão em sua volta.

Agora, quando você estiver com inveja, sua consciência e seu coração vão te avisar. Tome muito cuidado com isso, sinta a energia das pessoas e observe sempre seu próprio sentimento. Buscar aprender mais sobre isso vai te levar mais rápido para sua Alta Performance.

Ande com pessoas com as quais se sinta bem, pessoas que estão voando para a mesma direção que a sua, pessoas de energias positivas.

Aprenda a não julgar os outros, apenas busque ficar perto e dividir seu planos para as pessoas certas, que te ajudaram a alcançar seu potencial máximo.

NÍVEL 3 DIFÍCIL NÃO É APRENDER, O DESAFIO É DESAPRENDER

Estou muito feliz que chegou até aqui, a leitura deste capítulo pode ser um pouco confusa para você no começo, mas vou tentar ser o mais direto e simples com as palavras.

Quando cheguei neste nível, estava em uma fase da minha vida em que comecei a ver coisas que eu não queria aceitar. No princípio a minha mente estava apegada às coisas do passado, costumes, regras, pessoas e ensinamentos dos quais eu não queria abrir mão. E então alguma coisa em minha mente começou a me mostrar uma nova forma de pensar, e descobri que a Alta Performance existia, estava na minha frente, acontecendo todos os dias com algumas pessoas, atletas e empresários. Percebi que alguns atletas e empresários faziam a mesma coisa que eu faço todos os dias, mas tinham recompensas muito maiores que as minhas. Sempre trabalhei muito duro, com disciplina e dedicação, mas só isso não era o suficiente para ter a vida que eu queria ter.

No princípio eu identifiquei essas pessoas em minha volta e comecei a fazer perguntas simples tipo: O QUE VOCÊ COME NO CAFÉ DA MANHÃ? E então, depois de muita convivência e perguntas, descobri o que precisava, achei uma das peças; percebi que me faltava apenas uma coisa, e comecei a ver em minha volta que a mesma coisa que faltava para mim estava faltando para muitos.

Não quero colocar nomes neste livro, por muitos motivos, mas quero te contar uma história real, porém com nome fictício.

A história é de um cara que fazia muito mais que todos e de outro que não fez nem a metade, e colheu tudo que o primeiro trabalhou por anos e nunca conseguiu colher.

Eu me lembro que eu chegava na academia de manhã cedo para treinar, achando que eu era o primeiro a chegar, mais acredite!! João estava lá treinando!! EU voltava à noite para segundo treino e, acredite!!, João ainda estava lá fazendo mais que todos, se dedicando. Sempre que dava nós sentávamos juntos para conversar, e foi quando aprendi um segredo do nível 4. Nas poucas vezes que conversei com ele, percebi que era um bloqueado, cheio de traumas psicológicos e não acreditava no espírito de Deus.

"Muitos atletas com quem convivi não entendiam nada sobre o espírito Santo de Deus".

João tinha um coração totalmente ganancioso cheio de maldade, não respeitava os princípios básicos da vida, não ajudava ninguém e ainda machucava os companheiros de treino.

E foi então que observei que alguns atletas que tinham um coração de criança, mas uma mentalidade forte, disciplinada e focada, e eram conectados com o espírito, tinham mais resultados nas suas performances do que ele. Esses caras treinavam muito menos que ele, e não eram tão bons como João.

Foi então que achei as peças que estava faltando para minha Alta Performance, comecei a entender que tudo estava conectado, tudo era a mesma coisa.

Além de atleta profissional, eu também sou empresário aqui nos Estados Unidos, tenho uma empresa que atende mais de 100 clientes de todos os níveis sociais e financeiros, temos clientes milionários e clientes que tem um custo financeiro baixo. Convivendo todos os dias com muitos deles, entendi que alguns tinha acessado a Alta Performance e outros ainda não tinham nem sequer o conhecimento de como isso é possível. Os meus clientes que têm uma vida de nível financeiro baixo quase todos estavam bloqueados mentalmente, apenas seguindo os padrões que foram colocados para eles. Viviam na mesma repetição todos os dias por anos; observei que muitos ainda estavam controlados pelas mídias mundiais.

Os meus clientes que têm um estilo de vida mais avançado, esses em cujas contas bancárias existem milhões de dólares, essas pessoas agem totalmente diferente. Observei uma mente aberta para novos desafios, todos têm uma vibração agradável, são seres humanos de coração generoso, estão sempre dispostos a ajudar, seres humanos iluminados com o fato de a riqueza deles estar de alguma maneira servindo outras pessoas. Não consegui observar inveja em seus corações; uma coisa que mais me chamou a atenção foi que todos sabem quem são e estão totalmente conectados com o Criador.

Não podemos ser quem somos se faltar a nossa peça principal

As pessoas que vivem no nível 3 começam a entender coisas diferentes ao seu redor; isso acontece quando a mente começa a querer se expandir naturalmente. Deus já se comunica com elas, mas ainda não conseguem escutar a voz dele totalmente porque não querem abrir mão das coisas do mundo, e ainda não estão dispostas a pagar o preço para acessar o outro nível; aqui alguns começam a ver que existe um outro lado a ser alcançado, mas também começam a ver os desafios que teriam que enfrentar para chegar lá. Muitos param neste nível, desperdiçando tudo de bom que existe do outro lado.

IMAGINE UMA MARATONA:

Muitas pessoas largaram, e estão largando todos os dias, essa corrida. Não é para competir com os outros, mas sim com você mesmo. Na largada estão todos motivados, cheios de energia, felizes, depois de muitos quilômetros e dias correndo, alguns começam a desistir e vão parando pelo caminho, outros continuam, mas a motivação já não existe mais; em vez de alegria agora entram as dores e cansaço. É então que uma voz dentro da sua cabeça aparece, querendo te levar para linha de chegada e te entregar o prêmio, essa voz aparece para aqueles que estão conectados com o espírito do Criador, essa voz te levará até a linha de chegada. Os que pararam na metade do caminho ainda não estavam 100% conectados com o espírito. Se você entender isso, você vai querer conhecer o próximo nível da sua Alta Performance.

Quero te contar quando passei por aqui

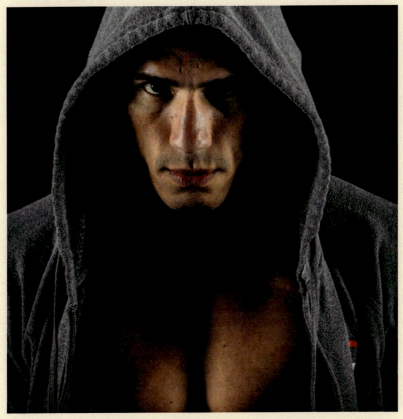

Eu morei no Brasil até meus 28 anos, a minha infância e educação não foram as melhores que uma criança poderia ter, fui obrigado a aprender a ser forte desde pequeno, porque minha mãe criou eu e meus irmãos sozinha, sem a presença do meu pai. Aos meus 16 anos, eu morei nas ruas de Curitiba, me envolvi com drogas, bebidas e tudo de ruim que você possa imaginar, Nesse processo da minha vida, tive que pagar um preço muito alto para querer sair dessa miséria que eu vivia, foram anos de pobreza, dores, desilusão, mas eu sempre escutei uma voz que falava dentro da minha cabeça, me guiando e mostrando a linha de chegada. Nessa fase da minha vida eu não acreditava totalmente no Espírito Santo de Deus, porque eu não tive um direcionamento e ensinamentos sobre isso. Eu só seguia aquela voz dentro da minha mente, sem entender o que era, essa voz me dizia que se eu quisesse mudar meu futuro e meu destino, teria que pagar um preço para ter o que eu desejava; então comecei a sentir o que eu precisava fazer.

Primeiro, me afastei das pessoas que me puxavam para baixo. Segundo, fui atrás de conhecimento mesmo sem recursos financeiros. Terceiro, tive que vencer a vontade da minha própria carne, para não querer mais usar drogas e bebidas. Quarto, tive que lidar com preconceito e julgamento que as pessoas faziam sem deixar isso me abalar psicologicamente.

Senti dores mentais e físicas, passei fome e frio no inverno e muito calor nos verões, fiquei com medo na escuridão. Eu tive que aprender a superar todas essas coisas sozinho, uma por uma. No final entendi que o preço que você está disposto a pagar vai te leva para um nível mental diferente. Esse é um dos segredos para a Alta Performance mental, você vai aprender a superar seus limites diários. Entenda que tudo isso é apenas uma pequena peça para você terminar de montar seu quebra-cabeça.

Hoje em dia tem muita gente falando de Deus, fazendo promessas que ele vai te dar tudo que deseja, mas se antes você deve dar metade do seu salário para ele, isso é uma barganha com o Criador de todos as coisas, muitas pessoas de intelecto baixo acreditam nisso e acabam caindo na lábia desses golpistas. Deus não quer o seu dinheiro, Ele quer que você supere seus limites e alcance seu potencial máximo em todas as áreas da sua vida.

Ele está em você, se quiser estar com ele. Só depende de você.

"Seu espírito, conectado com seu corpo, vai te fazer uma máquina superpoderosa, capaz de todas as coisas, e vai te levar para o próximo nível."

Pessoas que vivem nos próximos níveis entenderam isso, e escolheram pagar o preço para estar lá.

Algumas pessoas vivem nesse nível inconscientemente e outras vivem conscientes.

VOU TE DAR UM EXEMPLO

Quando uma criança vem de uma família que segue alguns princípios de Deus, ela já tem na sua mente o que tem que ser feito, tudo é natural para ela, seus pais já lhe mostraram o caminho de corpo e espírito, a sociedade em sua volta fortalece as crenças, então para ela viver dessa maneira é natural; em sua casa essa criança aprendeu a ter disciplina, respeitar o seu corpo, cuidar da alimentação e ser uma pessoa gentil com as demais.

Mas para muitas crianças a realidade é diferente, não aprendem os princípios de Deus em casa com seus pais, porque nem os próprios pais sabem direcionar a criança e ensiná-la da maneira correta para no futuro ela não ser um adulto bloqueado. Na sociedade em volta dessa criança, todos estão no nível 2, com um coração cheio de maldade, ganância.

Para algumas pessoas, ter uma vida realizada de prosperidade e abundância de alguma maneira é natural, porque desde crianças foram treinadas de alguma maneira para chegar na vida adulta e desenvolver sua Alta Performance.

Se você nasceu e foi criado em um ambiente desfavorável para desenvolver bons hábitos que te levariam para os próximos níveis, se a sociedade em sua volta não colaborou para isso acontecer, não se preocupe, lembre-se sempre disso:

Somos máquinas que podem moldadas e reconfiguradas da maneira que queremos; podemos criar em nossa mente e corpo novos hábitos por meio da disciplina e poder da repetição. Entender isso fará você querer moldar sua mente e acelerar o processo para o outro nível de uma forma consciente.

ALTA PERFORMANCE

Busque criar em sua vida hábitos que sempre beneficiem a evolução da sua mente, corpo e espírito.

Se você estiver disposto a conhecer esse nível, primeiro deve renascer no Espírito Santo e conhecer o Criador da Alta Performance. Entenda que tudo está dentro de você, basta você querer acessar.

"Fazer leituras diárias da Bíblia é um bom caminho para isso."

Lembre-se: se você quiser ser o melhor, aprenda com o melhor.

Quem pagou e quem paga o preço todos os dias estão colhendo uma vida de vitórias, prosperidade, alegria e abundância no nível 4. Mas lembre que para isso precisa abrir mão de muitas coisas, tudo que te prende nos níveis 2 e 3 não pode estar com você nos próximos, então aqui deve vencer a vontade da sua carne.

A fome pela sabedoria e o sucesso deve ser maior que a vontade de comer a sua comida preferida.

"O jejum intermitente é um bom caminho para você entender isso."

Quero contar uma história real que aconteceu em uma maratona.

Estava acontecendo uma corrida de mais de 40 km e muitos largaram no meio do caminho, alguns paravam por falta de preparo físico, mas la na frente quem tava liderando a corrida era um queniano e logo atrás tinha um francês, e faltavam menos de

100 metros para linha de chegada. Foi então que em uma curva antes da reta final o queniano se confundiu com a sinalização e passou reto correndo, e o francês o ultrapassou. O queniano retomou a corrida em segundo lugar, mas, para surpresa de todos, quando o francês foi ultrapassar a linha de chegada, ele parou e esperou o queniano passar chegando em primeiro lugar.

Os jornalistas foram entrevista o francês e perguntaram: – Por que você parou na linha de chegada e deixou seu adversário passar?

O francês, sem entender a pergunta que o jornalista estava fazendo, disse: – Desculpa, eu não entendi sua pergunta, eu apenas fiz o que é correto a ser feito, meu adversário iria ganhar a corrida, mas por um erro de outros na sinalização ele acabou se perdendo no caminho, não seria justo eu querer vencer dessa maneira, não foi isso que meus país me ensinaram e acredito que em minha sociedade isso não seria um bom exemplo.

Vocês conseguem entender que para algumas pessoas fazer o que é correto já é natural, mas para a jornalista que fez a pergunta aquilo não era natural.

Para se tornarem naturais para algumas pessoas, os princípios de Deus devem ser estimulados, devem ser treinados; só assim, depois que se tornarem naturais em sua mente, você estará pronto para colher os frutos do nível 4.

NÍVEL 4 FAZENDO A COLHEITA

Aqui onde fazemos a colheita de todo o trabalho duro, dedicação e disciplina, depois de sermos aprovados pelo Criador, ele começa a entregar para cada um conforme o que foi plantado.

Se seu corpo e mente estiverem prontos para receber tudo que você deseja, começará um mover a sua volta. O mais interessante é que você começa a ver as coisas acontecendo para seu pedido ser realizado, isso é incrível.

O Criador me mostrou a força dos meus pensamentos, e me ensinou a usá-la da maneira correta.

Pense sempre nas coisas que você quer que aconteça, desvie seus pensamentos das coisas que você não quer que aconteça.

Entender que seus pensamentos são tudo aquilo em que você coloca sua atenção, músicas/vídeos/comida/pessoas, isso tudo vai criar em você sentimentos e depois estarão dentro do seu coração. Tudo que você alimentou dentro da sua mente e corpo se torna matéria.

Comece hoje a se alimentar de tudo que vai te levar para seu objetivo.

As grandes vitórias nada mais são que um acúmulo de pequenas conquistas diárias.

Todas as pequenas vitórias devem ser celebradas. Por exemplo:

Você colocou um objetivo de não comer açúcar no dia; antes de dormir agradeça e se alegre pela pequena vitória, Nesse momento a sua maior conquista já está sendo criada, e te será enviada em breve, você só deve continuar vencendo os pequenos desafios diários.

Coloque suas tarefas e objetivos em lugar onde você possa vê-los todos os dias. Lembre que tudo isso tem que ser para todos, não apenas para você. Se o seu desafio é dar um abraço em alguém, ou for pedir desculpa a alguma pessoa, faça isso e depois celebre sua vitória. Para muitos, a dádiva do perdão ou pedir desculpa é um grande desafio.

Modele seu espírito e corpo sempre juntos.

Entenda que tudo leva um tempo para ser colhido, saiba o que plantou e saiba o que está plantando.

Aqui no nível 4 você pode estar colhendo algumas coisas boas ou ruins que você sabe que plantou lá atrás, nos níveis 2 e 3. O segredo é que agora você começou a entender as coisas, e começa uma plantação específica para aquilo que você deseja.

Por exemplo, você deve entender qual é a semente que está plantando, o porquê do sacrifício que você está gerando em si mesmo, seja específico, saiba o que quer, vá direto ao ponto, gaste sua energia física e mental apenas com coisas e pessoas que te levarão ao próximo nível.

Algumas coisas muito importantes de você plantar:

Generosidade Caridade Fidelidade Honestidade Compaixão Gratidão.

E o mais importante: AMOR.

Tudo tem a ver com servir para depois ser servido, mas também não faça isso querendo outras coisas em troca, modele seu coração para que seja assim naturalmente.

Porque o Criador conhece seu coração e você receberá as coisas conforme o que tem dentro dele.

Primeiro você deve ser, depois fazer, para depois querer receber.

Bom, entenda isso!! Se você acredita em quem você é, então quem é você?

O que você criou aí dentro da sua mente? O que foi parar em seu coração, o que você deseja para sua vida?

Agora comece a fazer o que tem que ser feito; aqui entra o trabalho duro dedicação, foco, o espírito vai te orientar, não se preocupe. Ele está no controle de todas as coisas.

Lembre-se, aqui neste nível você já aprendeu a ouvir a voz dele, se estiver perdido, pare um pouco, procure um lugar onde você possa ficar sozinho, silencie a sua voz, aprenda a ouvir a voz que está dentro de você.

Meditações, orações, qualquer coisa que te faça ficar em silêncio e parado por alguns minutos.

Assim você estará se conectando com seu Criador.

Depois dessas etapas, você tem o direito de receber o que deseja.

ALTA PERFORMANCE

DEIXA EU TE FALAR MINHA HISTÓRIA

Quando morava no Brasil, sempre tive em minha mente que EU sou o melhor no que faço, isso não é ser metido ou arrogante não, apenas tinha a certeza de quem eu era. Por mais que minha realidade não batesse com meus pensamentos, nunca parei de acreditar, sempre busquei aprender e observar o que os melhores lutadores de MMA do mundo estavam fazendo.

Um dia escutei uma frase que mudou muito mais minha mentalidade:

"Treine e se dedique tanto que os caras em que você se espelha pela TV ou redes sociais se tornem seus adversários ou concorrentes dentro do cage".

Por mais de dez anos no Brasil, eu fui um lutador invicto, acumulei muitas vitórias antes de me mudar para os Estados Unidos. Sempre acreditei que era o melhor e não merecia estar em um lugar onde não me valorizassem. Fiz lutas sangrentas com adversários bons, muito mais experientes do que eu. E saí vencedor de todas; meu prêmio muitas vezes era apenas um troféu quebrado, não ganhava dinheiro por isso.

Então o Criador conhecendo meu coração e tendo a certeza de quem eu me tornei me colocou entre os melhores do mundo, competindo com atletas que eu assistia na TV e dos quais era fã.

Aqui está um dos maiores segredos para você conseguir o que quer na sua vida. Todos os campeões mundiais que conheci falavam as mesmas coisas.

Eu era campeão em minha mente antes de ser aqui fora.

Todos os empresários bem-sucedidos que conheci tinham em mente o que queriam, e antes mesmo de se tornarem milionários, já eram milionários em suas mentes.

Acredite, nada pode vencer um ser humano totalmente focado e disciplinado e 100% conectado com seu espírito.

Nas minhas últimas lutas, eu alcancei a minha Alta Performance física e espiritual, acredite quando eu estava no hotel em Honolulu, Havaí, nos Estados Unidos, para fazer minha luta contra o norte-americano Keneth Cross. Eu tive um contato com o Espírito Santo de Deus horas antes da minha luta.

Eu deitei para descansar um pouco, e acabei pegando no sono, foi então que eu ouvi alguém me falando. "FILHO, VOCÊ FOI APROVADO, TUDO QUE VOCÊ PEDIU PARA ACONTECER HOJE VAI ACONTECER, SÓ DEPENDE DE VOCÊ AGORA, ME MOSTRE O QUANTO VOCÊ DESEJA AQUILO QUE VOCÊ ME PEDIU."

Quando eu acordei, falei para meu amigo que estava ao meu lado: "IRMÃO, SE TUDO ACONTECER DO JEITO QUE ESTÁ EM MINHA MENTE, EU ACABEI DE DESCOBRIR UM SEGREDO".

Ele deu risada, sem acreditar muito no que eu estava falando; mas eu estava com tanta certeza de como venceria aquela luta. Semana antes, nos treinamentos, eu falei para outro parceiro de treino "EU VOU FINALIZAR AQUELE CARA NO SEGUNDO ROUND".

Eu fiz tudo que poderia e estava no meu alcance, treino, dieta, descanso, mas o fator principal para isso acontecer foi eu buscar ir atrás do Espírito Santo de Deus.

Estar conectado com Ele me completou totalmente, a minha Alta Performance foi perfeita.

    Agora eu busco usar as mesmas técnicas nos meus relacionamentos, pessoas e negócios, e, para ser sincero, achei o que me faltava, hoje estou completo. Vencendo em todas as áreas da minha vida.

NÍVEL 5 A REALIDADE

Você foi incrível nessa jornada de leitura e conhecimento até aqui. Neste capítulo, eu vou te contar como tudo funciona e realmente é.

Bom, para estar aqui você já abriu mão de muitas coisas, pagou o preço. Quando eu falo PREÇO, digo que você fez o que tem que ser feito, começou a se alimentar melhor, começou a cuidar do seu corpo, já está com o coração limpo, já apagou da sua memória seus traumas, trabalhou duro todos os dias, teve disciplina e foco. Foi um ser humano gentil, leve aqui na terra. Bom, para entender o que está sendo escrito aqui, seu coração tem que estar puro e sua mente faminta pelo discernimento de tudo.

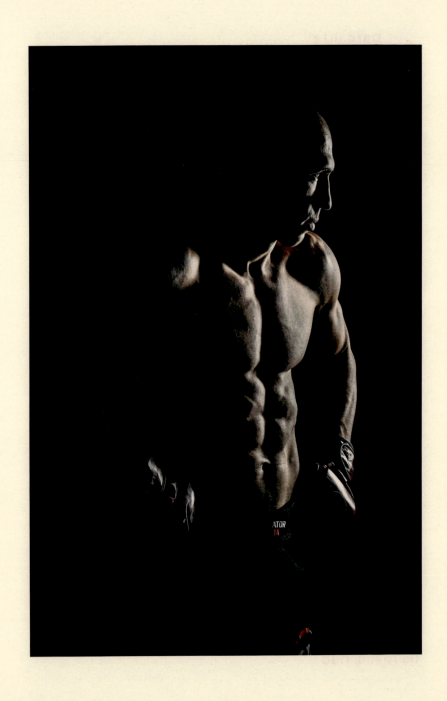

ALTA PERFORMANCE

Para eu escrever sobre este nível, primeiro tive que colocar meu corpo e minha mente totalmente nele, para entender como tudo funciona fui obrigado a desafiar meus limites. Estou jejuando há sete dias, sem alimentar meu corpo, apenas bebendo água, a disciplina, organização e trabalho duro continuam, após finalizar meus treinos, fico 10 minutos em uma banheira de gelo a menos -6 °C. Isso se tornou rotina diária na minha vida, meditações e orações são meus alimentos diários, não sinto mais dor física nem emocional, meu corpo e mente estão blindados para tudo.

Aqui minha mente está vazia, consigo ouvir meus pensamentos, sentir meu corpo, posso entender quem são as pessoas em minha volta, posso sentir o coração e a vibração de todas elas. Posso ouvir o Espírito que habita em mim me direcionando ao caminho correto. Meu corpo e mente estão conectados.

Estou Pronto!! Completo.

MUITOS ENTENDERAM, MAS POUCOS SENTIRAM

O Nível 5 a mente expandiu para outro Nível espiritual, seu corpo se transformou em uma máquina perfeita, capaz de todas as coisas. Quando você está aqui sentindo tudo isso, tem a certeza que vai completar qualquer desafio que estiver em sua frente. Entenda que quando você chega aqui, começa a ver que existem mais níveis a serem alcançados, mas os níveis não são mais físicos, agora são espirituais.

Você pode alcançar níveis que nem a física consegue explicar. O Criador de tudo é Perfeito e ele entrega poderes àqueles que querem ir mais longe.

Você vai até onde quer chegar, a expansão da mente é infinita.

Aqui simplesmente você entende que não está competindo com ninguém, que não existem e nunca existiram inimigos em sua volta, que na verdade o seu maior adversário mora em sua mente, você é a única pessoa que pode parar seus sonhos de se tornar quem você quer ser. O seu espírito começa te levar para seu propósito de vida e tudo começa a ter sentido, mas ao mesmo tempo não tem sentido. É um pouco confuso entender isso, mas vou te explicar.

Primeiro você se pergunta por que está aqui fazendo todos esses sacrifícios, trabalhando duro todos os dias, querendo todas essas coisas, se no final da vida você não levará nada de tudo isso.

Mas aqui você também entende que esta vida é única e passageira e quer ter todas as coisas que merece, e quer dar uma condição de vida melhor para todos que convivem em sua volta; aqui você se torna um super-herói, querendo mudar o mundo, seu propósito te mostra claramente o que deve ser feito, então isso te completa ainda mais.

Mas também entendemos que só podemos mudar o mundo de quem quer ser mudado totalmente, a mudança e individual e a busca pela Alta Performance também.

Aquele que fala que vai fazer e aquele fala que não consegue fazer, os dois estão corretos.

Todas as opções que você escolher para sua vida no final serão as corretas para você.

Se o espírito estiver em você e você nele, sempre saberá qual opção deve tomar. Criar uma balança em sua mente vai te ajudar a equilibrar todas as coisas em sua vida.

TUDO É IMPORTANTE, TODAS AS COISAS SÃO UMA SÓ.

Seus objetivos de vida têm que estar conectados com as pessoas, seu desejo de alcançar sua Alta Performance tem que ser para beneficiar outros de alguma maneira, o Criador de todas as coisas só entregará seu potencial máximo se você tiver um coração de uma criança e a mentalidade de um super-herói, entenda que você foi criado(a) para servir, cuidar de tudo e de todos, para ensinar a multiplicar. É natural seu desenvolvimento e crescimento, mas entender todas essas coisas vai acelerar seu processo de mudança de nível.

Atletas, pessoas e empresários bem-sucedidos vivendo em Alta Performance têm todas essas coisas em comum, tudo que eles têm ou fazem de alguma maneira beneficia muitas outras pessoas, eles levam uma vida leve mentalmente, mas seus corpos são máquinas de criação. Todos que conheço trabalham duro, com muita dedicação, disciplina e espiritualmente conectados.

Mas para estar aqui neste nível não será fácil, vai exigir um estilo de vida totalmente diferente, você tem que aprender a sentir conforto no desconforto, entender tudo sobre seu corpo e suas limitações, respeitando-o. Alimente sua mente todos os dias com informações positivas, cuide do que entra pelo seus ouvidos, olhos e boca. E o mais importante: esteja sempre conectado com seu Criador, pois Ele é o dono de tudo isso.

Aqui não existe apego a bens materiais, não existe ganância nem desejos; a única coisa que você mais precisa desta vida é a própria vida.

Tudo o resto é uma ilusão passageira, vitórias, bens materiais, sucesso, fama, dinheiro, tudo isso é apenas ilusão da mente, que criamos ao longo da nossa experiência como seres humanos.

Você pode ter tudo que deseja, nada é impossível para aqueles que estão conectados de corpo, mente, alma e espírito com o Criador.

Comece hoje sua busca pela Alta Performance, mude seu nível.

Eu estarei lá!!! Se você chegar primeiro, me conta como foi a caminhada.

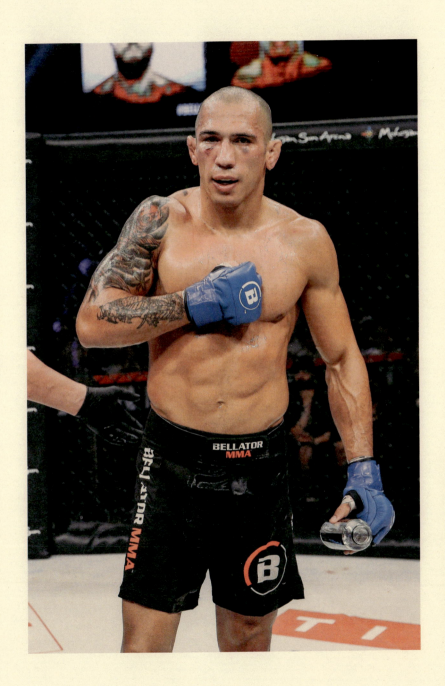